LABAIRE

A L'USAGE DES ÉCOLES PRIMAIRES

Par G. BELEZE

ANCIEN CHEF D'INSTITUTION A PARIS
CHEVALIER DE LA LÉGION D'HONNEUR
OFFICIER D'ACADÉMIE.

Ouvrage approuvé pour les écoles publiques
par décision du Ministre de l'Instruction publique
sur avis conforme du Conseil supérieur.

PARIS.

IMPRIMERIE ET LIBRAIRIE CLASSIQUES
De JULES DELALAIN et FILS

RUE DES ÉCOLES, VIS-A-VIS DE LA SORBONNE.

SYLLABAIRE

A L'USAGE DES ÉCOLES PRIMAIRES

Par G. BELEZE

ANCIEN CHEF D'INSTITUTION A PARIS
CHEVALIER DE LA LÉGION D'HONNEUR
OFFICIER D'ACADÉMIE.

Ouvrage approuvé pour les écoles publiques
par décision du Ministre de l'instruction publique
sur avis conforme du Conseil supérieur.

PARIS.

IMPRIMERIE ET LIBRAIRIE CLASSIQUES

De JULES DELALAIN et FILS

RUE DES ÉCOLES, VIS-A-VIS DE LA SORBONNE.

Cet ouvrage, extrait du Syllabaire et Premières Lectures a été approuvé pour les écoles publiques, sur avis conforme du Conseil supérieur, par décision du Ministre de l'instruction publique; il a été également recommandé par les conseils académiques de Bordeaux, Clermont, Paris et Poitiers, et indiqué pour les bibliothèques de la troupe.

1
2
3
4
5
6
7
8
9
10

11	26
12	27
13	28
14	29
15	30
16	31
17	32
18	33
19	34
20	35
21	36
22	37
23	38
24	39
25	40

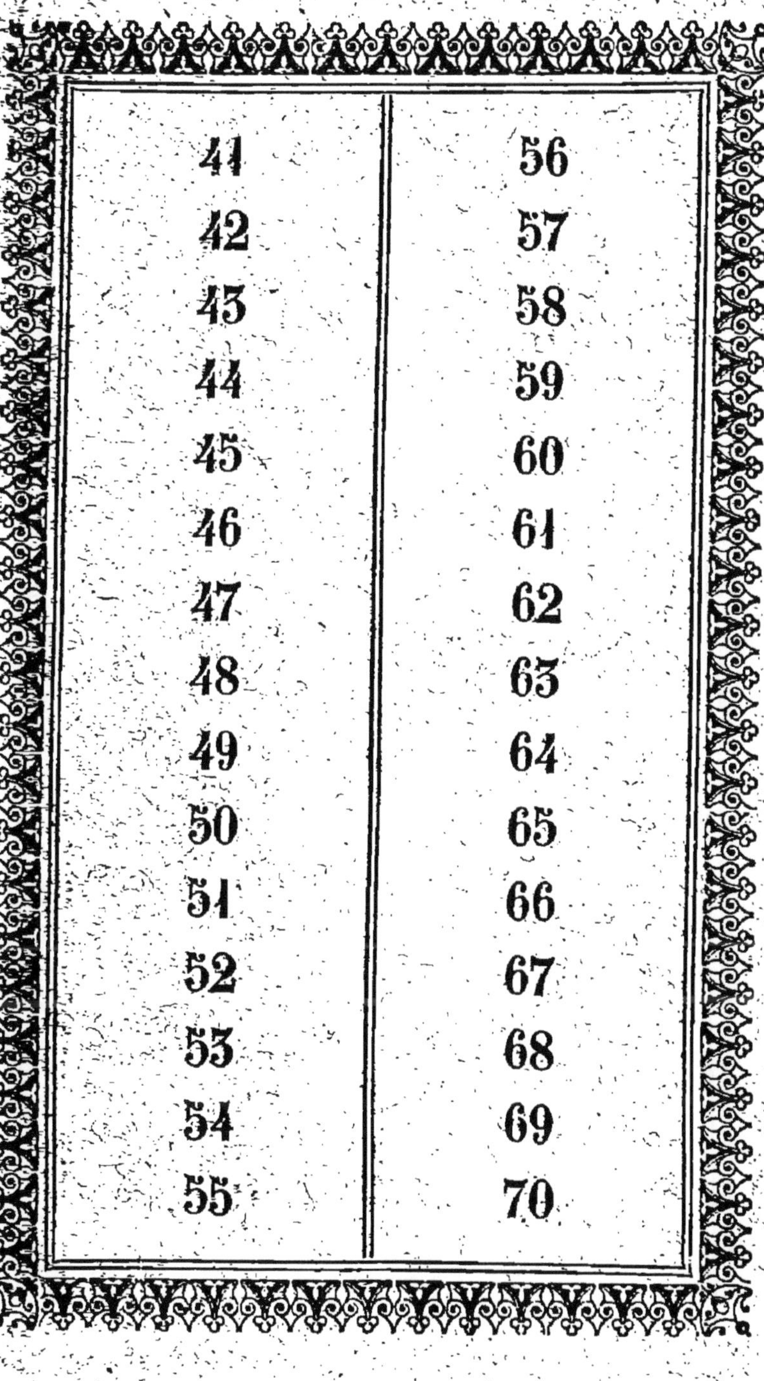

41	56
42	57
43	58
44	59
45	60
46	61
47	62
48	63
49	64
50	65
51	66
52	67
53	68
54	69
55	70

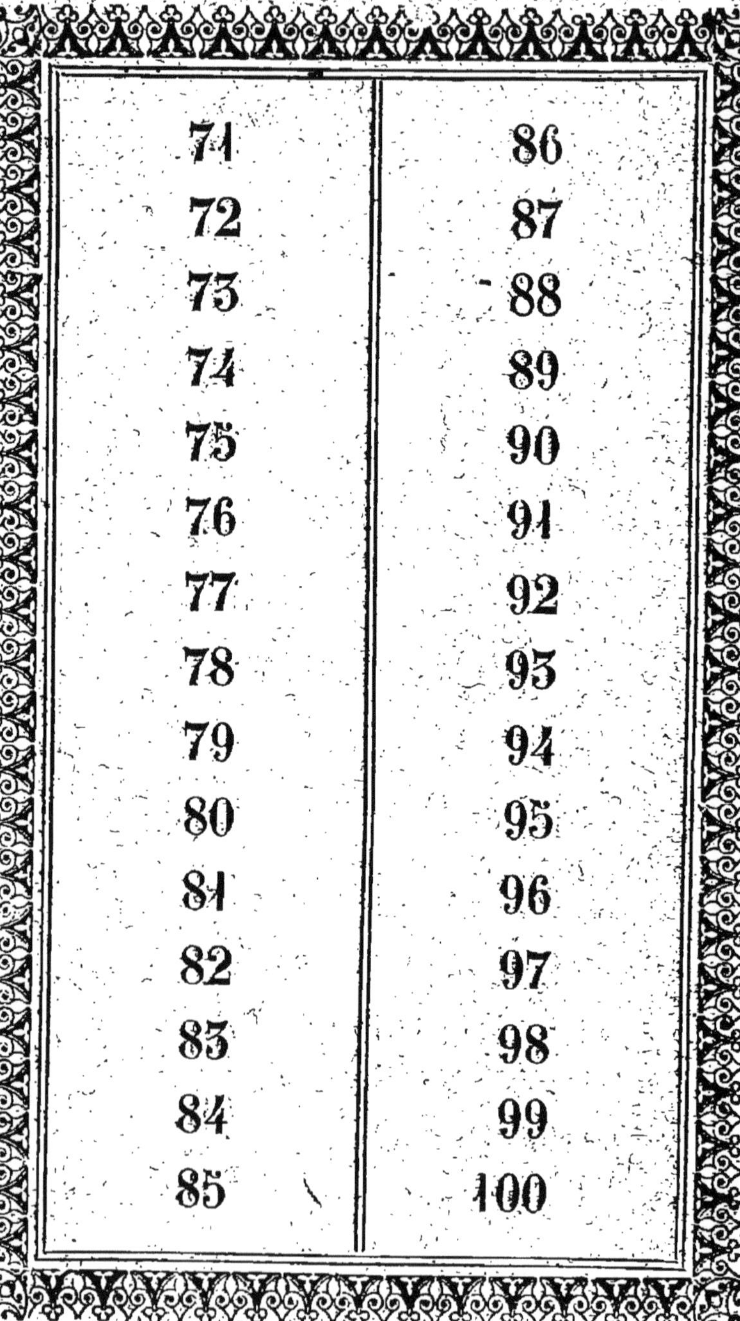

71	86
72	87
73	88
74	89
75	90
76	91
77	92
78	93
79	94
80	95
81	96
82	97
83	98
84	99
85	100

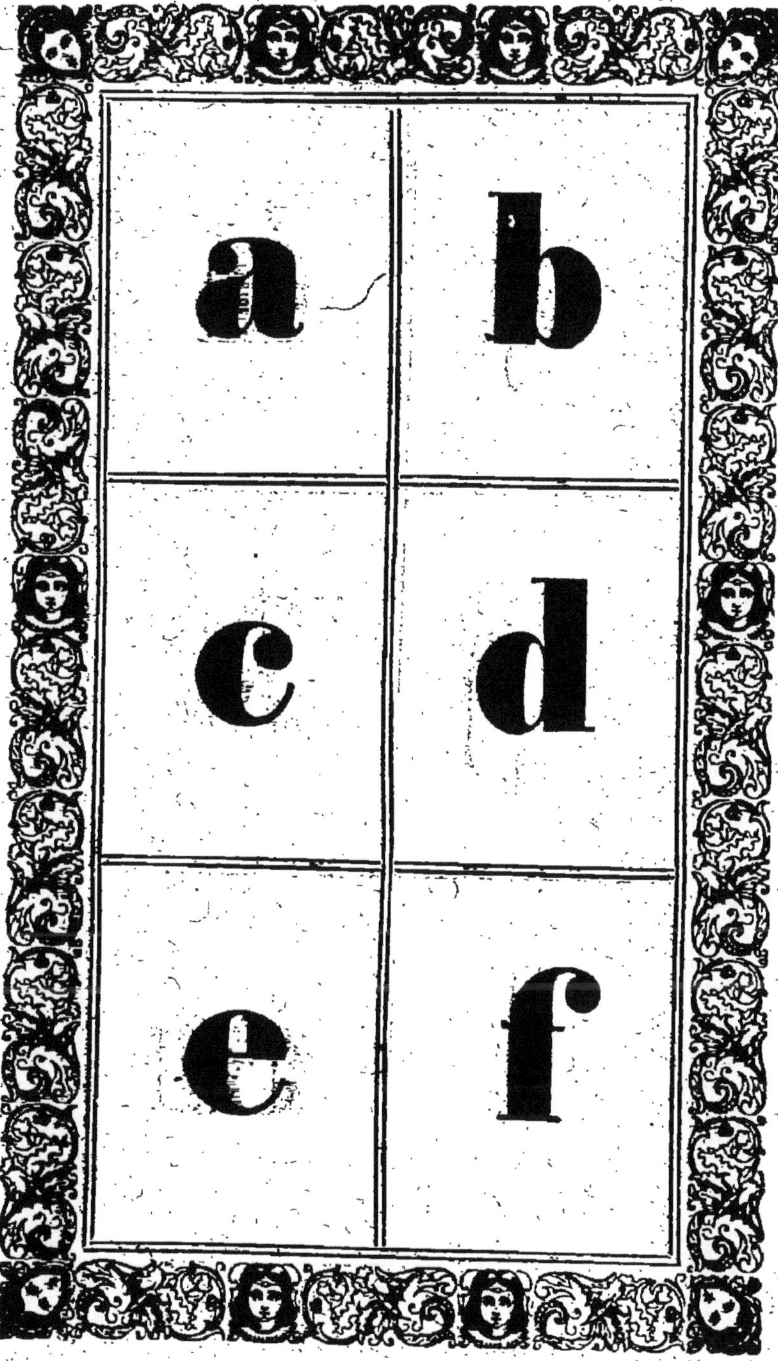
a
b
c
d
e
f

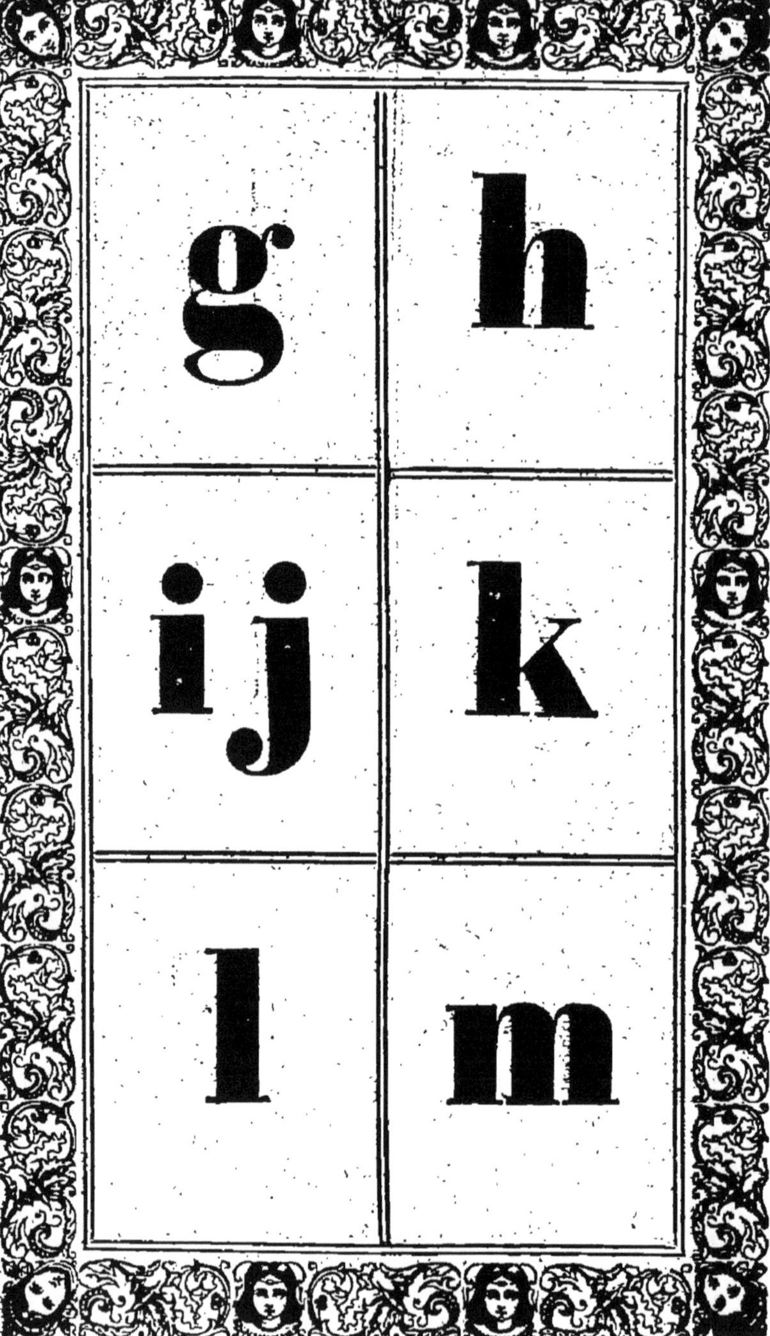
g
h
ij
k
l
m

n
o
p
q
r
s

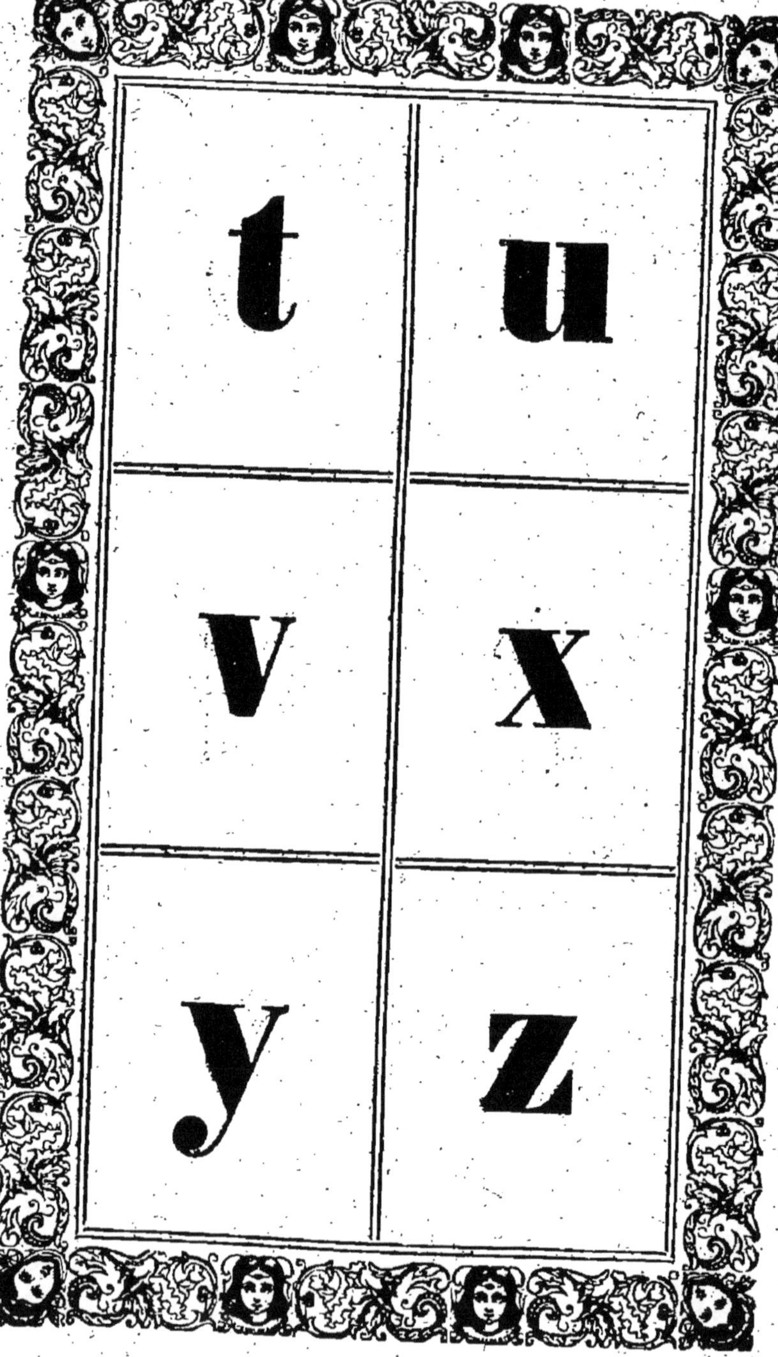
t
u
v
x
y
z

EXERCICES ÉLÉMENTAIRES.

Alphabet.

A	B	C	D	E	F	
a	b	c	d	e	f	
G	H	I	J	K	L	
g	h	i	j	k	l	
M	N	O	P	Q	R	
m	n	o	p	q	r	
S	T	U	V	X	Y	Z
s	t	u	v	x	y	z.

Le maître fera prononcer *be, ce, de, fe, ge, le, re, etc.*

Aa Bb Cc Dd

Ee Ff Gg Hh Ii

Jj Kk Ll Mm

Nn Oo Pp Qq

Rr Ss Tt Uu

Vv Xx Yy Zz.

Aa Bb Cc Dd Ee

Ff Gg Hh Ii Jj

Kk Ll Mm Nn Oo

Pp Qq Rr Ss Tt

Uu Vv Xx Yy Zz.

1re Leçon.

Voyelles.

a, e, i, o, u, y.

Consonnes.

b, c, d, f, g, h, j, k, l, m,
n, p, q, r, s, t, v, x, z.

2e Leçon.

Exercice sur les consonnes réunies aux voyelles.

ba, ca, da, fa, ga, ja,
ka, la, ma, na, pa, ra,
sa, ta, va, xa, za.

be, ce, de, fe, ge, je,
ke, le, me, ne, pe, re,
se, te, ve, xe, ze.

bé, cé, dé, fé, gé, jé,
ké, lé, mé, né, pé, ré,
sé, té, vé, xé, zé.

bi, ci, di, fi, gi, ji,
ki, li, mi, ni, pi, ri,
si, ti, vi, xi, zi.

bo, co, do, fo, go, jo,
ko, lo, mo, no, po, ro,
so, to, vo, xo, zo.

bu, cu, du, fu, gu, ju,
ku, lu, mu, nu, pu, ru,
su, tu, vu, xu, zu.

3e Leçon.

Même Exercice.

ba, be, bé, bi, bo, bu.
ca, ce, cé, ci, co, cu.
da, de, dé, di, do, du.
fa, fe, fé, fi, fo, fu.
ga, ge, gé, gi, go, gu.
ja, je, jé, ji, jo, ju.
ka, ke, ké, ki, ko, ku.
la, le, lé, li, lo, lu.
ma, me, mé, mi, mo, mu.
na, ne, né, ni, no, nu.
pa, pe, pé, pi, po, pu.
ra, re, ré, ri, ro, ru.
sa, se, sé, si, so, su.
ta, te, té, ti, to, tu.
va, ve, vé, vi, vo, vu.
xa, xe, xé, xi, xo, xu.
za, ze, zé, zi, zo, zu.

4e Leçon.

Exercices sur les mots de deux syllabes.

ba ve, ca ge, da me,
fa de, ga ge, la me,
ma re, na ge, pa pe,
ra me, sa ge, ta pe,
bi le, ci re, di re,
fi le, li me, mi ne,
pi pe, ri de, vi ve.

bave, cage, dame,
fade, gage, lame,
mare, nage, pape,
rame, sage, tape,
bile, cire, dire,
file, lime, mine,
pipe, ride, vive.

5e Leçon.

Même Exercice.

co de, do ge, lo ge,
mo de, no te, ro be,
so le, vo le, zo ne,
bu re, cu ve, du pe,
fu me, lu ne, mu le,
pu re, ru de, tu be,
ce la, fe ra, se ra.

code, doge, loge,
mode, note, robe,
sole, vole, zone,
bure, cuve, dupe,
fume, lune, mule,
pure, rude, tube,
cela, fera, sera.

6e Leçon.

Même Exercice.

ba vé,	ca fé,	cu ré,
do ré,	fa né,	fu mé,
ge lé,	la vé,	li mé,
lo gé,	me né,	mu ré,
no té,	pa vé,	pi lé,
ra mé,	ri dé,	sa lé,
ti ré,	vo lé,	zé lé.

bavé,	café,	curé,
doré,	fané,	fumé,
gelé,	lavé,	limé,
logé,	mené,	muré,
noté,	pavé,	pilé,
ramé,	ridé,	salé,
tiré,	volé,	zélé.

7e Leçon.

Même Exercice.

bé ni,	ce ci,	dé fi,
fi ni,	gé mi,	mi di,
pa ri,	po li,	ra vi,
bo bo,	co co,	do do,
lo to,	so lo,	zé ro,
do du,	me nu,	pa ru,
re vu,	te nu,	ve nu.

béni,	ceci,	défi,
fini,	gémi,	midi,
pari,	poli,	ravi,
bobo,	coco,	dodo,
loto,	solo,	zéro,
dodu,	menu,	paru,
revu,	tenu,	venu.

8e Leçon.

Exercice sur les mots de trois syllabes terminés par un *e* muet.

ba di ne, bo bi ne,
ca ba ne, ca ra fe,
ca li ce, ca po te,
ci ra ge, dé li re,
de vi ne, di vi ne,
do ru re, fa mi ne,
fé ru le, fi gu re.

badine, bobine,
cabane, carafe,
calice, capote,
cirage, délire,
devine, divine,
dorure, famine,
férule, figure.

9e Leçon.

Même Exercice.

ga lè re,	ga lo pe,
gi ra fe,	ju ju be,
lé gu me,	li mi te,
ma da me,	ma la de,
ma li ce,	mé na ge,
mé ri te,	mi nu te,
mo dè le,	mo ra le.

galère,	galope,
girafe,	jujube,
légume,	limite,
madame,	malade,
malice,	ménage,
mérite,	minute,
modèle,	morale.

12e Leçon.

Exercices sur les mots de trois syllabes avec terminaisons variées.

ca na pé, ca na ri,
co lo ré, co mi té,
dé ci dé, dé fi lé,
dé ga gé, dé pu té,
dé ro bé, dé vo ré,
do mi no, du re té,
fa vo ri, ga lo pé.

canapé, canari,
coloré, comité,
décidé, défilé,
dégagé, député,
dérobé, dévoré,
domino, dureté,
favori, galopé.

13e Leçon.

Même Exercice.

la va bo,	me na cé,
mé ri té,	mo dé ré,
nu mé ro,	pu re té,
ra va gé,	re bu té,
ré ga lé,	re ve nu,
sa me di,	sé pa ré,
va ni té,	vé ri té.

lavabo,	menacé,
mérité,	modéré,
numéro,	pureté,
ravagé,	rebuté,
régalé,	revenu,
samedi,	séparé,
vanité,	vérité.

14e Leçon.

Exercices sur les mots de quatre syllabes terminés par un *e* muet.

ba di na ge,
ca ma ra de,
ca pi ta le,
dé li ca te,
do mi ci le,
fi la tu re,
ga lo pa de,
gé né ra le,
ja ve li ne,
li mo na de.

badinage, camarade,
capitale, délicate,
domicile, filature,
galopade, générale,
javeline, limonade.

15e Leçon.

Même Exercice.

ma ré ca ge,
mé de ci ne,
pa ra bo le,
pâ tu ra ge,
pè le ri ne,
py ra mi de,
ri di cu le,
sé ré na de,
so li tu de,
zi be li ne.

marécage, médecine,
parabole, pâturage,
pèlerine, pyramide,
ridicule, sérénade,
solitude, zibeline.

16e Leçon.

Même Exercice avec terminaisons variées.

ca la mi té,
ci vi li té,
dé co lo ra,
dé na tu ré,
dé ra ci na,
di vi ni té,
fa ci li té,
fé li ci ta,
fi dé li té,
lo ca li té.

calamité, civilité,
décolora, dénaturé,
déracina, divinité,
facilité, félicita,
fidélité, localité.

17e Leçon.

Même Exercice.

ma jo ri té,
mo ra li té,
pa no ra ma,
ra pi di té,
ri va li sa,
sa ga ci té,
sé vé ri té,
té mé ri té,
ti mi di té,
vo ra ci té.

majorité, moralité,
panorama, rapidité,
rivalisa, sagacité,
sévérité, témérité,
timidité, voracité.

18e Leçon.

Exercice sur les voyelles formant syllabes avec terminaisons variées.

â ge,	a mi,	â ne,
é pi,	i ci,	ô té,
u ni,	a bî me,	a bo li,
a do ré,	a gi le,	a gi té,
a ra be,	a va lé,	a vi de,
é co le,	é cu me,	é ga lé,
é ga ré,	é le vé,	é pi ne.

âge,	ami,	âne,
épi,	ici,	ôté,
uni,	abîme,	aboli,
adoré,	agile,	agité,
arabe,	avalé,	avide,
école,	écume,	égalé,
égaré,	élevé,	épine.

19e Leçon.

Même Exercice.

é ta ge,	a gi li té,
é tu de,	a mi ca le,
i ma ge,	a ro ma te,
o li ve,	a vi di té,
o ra ge,	é co no me,
o ta ge,	é ga li té,
o va le,	o ri gi ne,
u ni té,	u ti li té.

étage,	agilité,
étude,	amicale,
image,	aromate,
olive,	avidité,
orage,	économe,
otage,	égalité,
ovale,	origine,
unité,	utilité.

20e Leçon.

Exercice sur la voyelle *eu.*

beu, ceu, deu, feu,
geu, jeu, leu, meu,
neu, peu, reu, seu,
teu, veu, xeu, zeu.

feu, jeu di,
jeu, meu le,
peu, seu le,
jeu ne, a veu,
neu ve, ne veu.

feu, jeudi,
jeu, meule,
peu, seule,
jeune, aveu,
neuve, neveu.

21e Leçon.

Exercice sur la voyelle *ou*.

bou,	cou,	dou,
fou,	jou,	gou,
mou,	pou,	nou,
sou,	vou,	tou.

bou le,	mou le,	jou jou,
cou pe,	pou ce,	lou ve,
dou ce,	rou te,	pou le,
joû te,	tou te,	sou ci,
fou le,	sou pe,	fou i ne.

boule,	moule,	joujou,
coupe,	pouce,	louve,
douce,	route,	poule,
joûte,	toute,	souci,
foule,	soupe,	fouine.

22e Leçon.

Exercices sur les voyelles unies aux consonnes.

ab, ac, ad, af, ag,
al, ap, ar, as, at,
av, ax, az.

eb, ec, ed, ef, eg,
el, ep, er, es, et,
ev, ex, ez.

ib, ic, id, if, ig,
il, ip, ir, is, it,
iv, ix, iz.

ob, oc, od, of, og,
ol, op, or, os, ot,
ov, ox, oz.

ub, uc, ud, uf, ug,
ul, up, ur, us, ut,
uv, ux, uz.

23e Leçon.

Même Exercice.

ab so lu,	ad mi ré,
ac ti vi té,	ap ti tu de,
ad ju gé,	ar ca de,
af fi ni té,	ar bus te,
ag gra vé,	ar mu re,
al co ve,	as pé ri té,
al té ré,	at las.

absolu,	admiré,
activité,	aptitude,
adjugé,	arcade,
affinité,	arbuste,
aggravé,	armure,
alcôve,	aspérité,
altéré,	atlas.

24e Leçon.

Même Exercice.

er mi te,	er go té,
es pa ce,	es ti me,
es ca le,	ex cu se,
il lé gal,	il li ci te,
ob te nu,	ob sé dé,
or bi te,	oc ta ve,
ur ba ni té,	or ga ne.

ermite,	ergoté,
espace,	estime,
escale,	excuse,
illégal,	illicite,
obtenu,	obsédé,
orbite,	octave,
urbanité,	organe.

25e Leçon.

Exercice sur les syllabes terminées par une consonne.

bal, cal, dal, fal,
gal, mal, pal, sal,
tal, val, bel, cel,
del, rel, sel, tel,
vel, bil, fil, mil,
pil, sil, til, vil,
bar, car, dar, far,
gar, jar, lar, mar,
nar, par, sar, tar,
var, ber, cer, fer,
ger, mer, per, ser,
ter, ver, bir, gir,
mir, nir, pir, vir,
bor, cor, dor, for,
mor, por, sor, tor,
dur, mur, sur, tur.

26e Leçon.

Même Exercice.

bol, col, dol, fol,
gol, mol, nol, pol,
rol, sol, tol, vol,
bul, dul, ful, gul,
jul, mul, nul, pul,
rul, sul, tul, vul.
bas, cas, das, fas,
gas, jas, mas, nas,
pas, ras, tas, vas,
bis, cis, dis, fis,
gis, mis, nis, pis,
ris, sis, tis, vis,
bos, cos, dos, fos,
pos, ros, mos, nos,
cus, bus, dus, fus,
jus, mus, pus, tus.

27e Leçon.

Même Exercice.

bac,	fac,	lac,	pac,
sac,	tac,	bec,	jec,
lec,	sec,	dic,	fic,
mic,	pic,	tic,	vic,
boc,	doc,	foc,	joc,
loc,	noc,	roc,	soc,
toc,	voc,	buc,	duc,
luc,	nuc,	suc,	tuc.

baf,	caf,	daf,	gaf,
laf,	paf,	raf,	taf,
bef,	def,	dif,	gif,
lif,	nif,	rif,	sif,
tif,	vif,	cof,	dof,
gof,	lof,	pof,	sof,
buf,	muf,	suf,	tuf.

28e Leçon.

Même Exercice.

bar be,	ac ti ve,
car pe,	cas ca de,
car te,	fac tu re,
far ce,	mar mi te,
gar de,	mar ty re,
lar me,	par ta ge,
par ti,	sar di ne,
pal me,	tar ti ne.
barbe,	active,
carpe,	cascade,
carte,	facture,
farce,	marmite,
garde,	martyre,
larme,	partage,
parti,	sardine,
palme,	tartine.

29e Leçon.

Même Exércice.

ber cé,	ber gè re,
fer me,	cer bè re,
mer le,	per ca le,
per le,	ser vi ce,
ser ge,	ver du re,
ter me,	vir gu le,
ver tu,	cer ti tu de.

bercé,	bergère,
ferme,	cerbère,
merle,	percale,
perle,	service,
serge,	verdure,
terme,	virgule,
vertu,	certitude.

30e Leçon.

Même Exercice.

ca nif, cul bu te,
gol fe, dis po sé,
lis te, ma la dif,
mo tif, pis to le,
pis te, vic ti me,
pos te, vo ca tif,
tar dif, dis pu te.

canif, culbute,
golfe, disposé,
liste, maladif,
motif, pistole,
piste, victime,
poste, vocatif,
tardif, dispute.

31e Leçon.

Même Exercice.

cor de,	bor du re,
dor mi,	for tu ne,
for ce,	mur mu re,
dur ci,	sur di té,
tor du,	sur ve nu,
mor du,	cor sa ge,
por te,	for mu le.

corde,	bordure,
dormi,	fortune,
force,	murmure,
durci,	surdité,
tordu,	survenu,
mordu,	corsage,
porte,	formule.

32e Leçon.

Même Exercice.

bâ tir,	ba zar,	fi nir,
gé mir	te nir,	ve nir,
pé rir,	bé nir,	vê tir,
dor mir,	par tir,	sor tir,
ma jor,	a zur,	fu tur,
bo cal,	ca nal,	lo cal,
mé tal,	na val,	ri val.

bâtir,	bazar,	finir,
gémir,	tenir,	venir,
périr,	bénir,	vêtir,
dormir,	partir,	sortir,
major,	azur,	futur,
bocal,	canal,	local,
métal,	naval,	rival.

33e Leçon.

Même Exercice.

co car de,	lu car ne.
va car me,	re gar de,
ré for me,	ré col te,
ré vol te,	tu mul te,
ar tis te,	ba tis te,
co pis te,	fu mis te,
ar bus te,	ro bus te.

cocarde,	lucarne,
vacarme,	regarde,
réforme,	récolte,
révolte,	tumulte,
artiste,	batiste,
copiste,	fumiste,
arbuste,	robuste.

34e Leçon.

Exercice sur deux consonnes suivies d'une voyelle.

bra, cra, dra, fra,
gra, pra, tra, vra,
bre, bré, cre, cré,
fre, fré, gre, gré,
pré, tré, bri, cri,
fri, gri, pri, tri,
bro, cro, dro, fro,
gro, pro, tro, vro,
bru, cru, dru, pru,
bla, cla, fla, gla,
pla, ble, cle, blé,
clé, flé, glé, plé,
bli, cli, fli, gli,
pli, blo, clo, flo,
glo, plo, flu, glu.

35e Leçon.

Même Exercice.

bra ve,	cra va te,
dra me,	fra gi le,
gra vu re,	pra li ne,
tra cé,	tra me,
tra ver sé,	blâ me,
gla ce,	pla ta ne,
pla ce,	pla ti ne.

brave,	cravate,
drame,	fragile,
gravure,	praline,
tracé,	trame,
traversé,	blâme,
glace,	platane,
place,	platine.

36e Leçon.

Même Exercice.

brè ve,	cré a tu re,
crê me,	cre vé,
fré ga te,	frè re,
grê le,	gre na de,
pré ci pi ce,	pré di re,
pré fa ce,	pré fé ré,
pré pa ré,	blê me.

brève,	créature,
crême,	crevé,
frégate,	frère,
grêle,	grenade,
précipice,	prédire,
préface,	préféré,
préparé,	blême.

37e Leçon.

Même Exercice.

fri vo le,	gri ma ce,
pri vé,	tri bu ne,
pro bi té,	pro di ge,
pro me né,	pro té gé,
clo por te,	glo be,
trô ne,	pru ne,
flû te,	plu me.

frivole,	grimace,
privé,	tribune,
probité,	prodige,
promené,	protégé,
cloporte,	globe,
trône,	prune,
flûte,	plume.

38e Leçon.

Même Exercice.

na cre,	sa bre,
fa ble,	ta ble,
cer cle,	mi ra cle,
ti gre,	li tre,
vi tre,	dé li vré,
pé ni ble,	é cri re,
dé cla ré,	su bli me.

nacre,	sabre,
fable,	table,
cercle,	miracle,
tigre,	litre,
vitre,	délivré,
pénible,	écrire,
déclaré,	sublime.

39e Leçon.

Exercice sur la voyelle composée *au*.

au be, **au ber ge,**
au da ce, **au mô ne,**
au ro re, **au to ri té,**
bau me, **fau te,**
frau de, **jau ne,**
mau di re, **nau fra ge,**
pau vre, **sau va ge.**

aube, **auberge,**
audace, **aumône,**
aurore, **autorité,**
baume, **faute,**
fraude, **jaune,**
maudire, **naufrage,**
pauvre, **sauvage.**

40e Leçon.

Exercice sur la voyelle composée *eau*.

ba teau,	**bu reau,**
ca deau,	**cou teau,**
cor beau,	**dra peau,**
far deau,	**four neau,**
gâ teau,	**man teau,**
mar teau,	**ra meau,**
ri deau,	**tau reau.**

bateau,	**bureau,**
cadeau,	**couteau,**
corbeau,	**drapeau,**
fardeau,	**fourneau,**
gâteau,	**manteau,**
marteau,	**rameau,**
rideau,	**taureau.**

41e Leçon.

Exercice sur la voyelle *ai*, qui se prononce comme *è*.

ai de,	ai le,
ai gle,	ai gre,
ai mé,	ai re,
fai ble,	lai ne,
mai gre,	maî tre,
lai ta ge,	fon tai ne,
mi tai ne,	se mai ne.

aide,	aile,
aigle,	aigre,
aimé,	aire,
faible,	laine,
maigre,	maître,
laitage,	fontaine,
mitaine,	semaine.

42e Leçon.

Exercice sur la voyelle *oi*, qui se prononce comme *oua*.

boi re,	boî te,
moi ne,	noi re,
poi re,	poi vre,
toi le,	voi le,
voi tu re,	i voi re,
ar moi re,	dé boi re,
mé moi re,	vic toi re.

boire,	boîte,
moine,	noire,
poire,	poivre,
toile,	voile,
voiture,	ivoire,
armoire,	déboire,
mémoire,	victoire.

43e Leçon.

Exercice sur les voyelles nasales *an* et *en*, dans les mots commençant par une voyelle.

an ge,	**an se,**
an cre,	**en can,**
en co re,	**en dor mi,**
en fan ce,	**en fer mé,**
en flu re,	**en ge lu re,**
en le vé,	**en rô lé,**
en tou ré,	**en ten du.**

ange,	**anse,**
ancre,	**encan,**
encore,	**endormi,**
enfance,	**enfermé,**
enflure,	**engelure,**
enlevé,	**enrôlé,**
entouré,	**entendu.**

44e Leçon.

Exercice sur les voyelles nasales *in*, *on* et *un*, dans les mots commençant par une voyelle.

in ci vil,	**in di ce,**
in fi ni,	**in gé nu,**
in ju re,	**in tè gre,**
in ti me,	**in vi té,**
in ca pa ble,	**on cle,**
in cré du le,	**on ze,**
in tré pi de,	**un.**

incivil,	**indice,**
infini,	**ingénu,**
injure,	**intègre,**
intime,	**invité,**
incapable,	**oncle,**
incrédule,	**onze,**
intrépide,	**un.**

45e Leçon.

Exercice sur les voyelles nasales *an*, *en*, *in*, *on* et *un*, dans les mots commençant par une consonne.

ban de,	**can di de,**
dan se,	**ba lan ce,**
lan ce,	**lan ter ne,**
san té,	**ran cu ne,**
cen dre,	**den tis te,**
fen du,	**pen du le,**
ren du,	**ren ver sé.**

bande,	**candide,**
danse,	**balance,**
lance,	**lanterne,**
santé,	**rancune,**
cendre,	**dentiste,**
fendu,	**pendule,**
rendu,	**renversé.**

46e Leçon.

Même Exercice.

fen te,	pen te,
sen sé,	ten te,
ten dre,	ven te,
din de,	lin ge,
min ce,	pin ce,
pin te,	sin ge,
bon té,	con gé.

fente,	pente,
sensé,	tente,
tendre,	vente,
dinde,	linge,
mince,	pince,
pinte,	singe,
bonté,	congé.

47e Leçon.

Même Exercice.

con te,	fon te,
mon de,	mon tre,
ron de,	ron gé,
son ge,	ton du,
lun di,	jar din,
la pin,	ma tin,
mou lin,	sa tin.

conte,	fonte,
monde,	montre,
ronde,	rongé,
songe,	tondu,
lundi,	jardin,
lapin,	matin,
moulin,	satin.

48e Leçon.

Même Exercice.

ve nin,	ca non,
car ton,	din don,
ga zon,	je ton,
me lon,	sa lon,
ta lon,	pan ta lon,
a man de,	é pin gle,
ré pon du,	ré pon se.

venin,	canon,
carton,	dindon,
gazon,	jeton,
melon,	salon,
talon,	pantalon,
amande,	épingle,
répondu,	réponse.

49e Leçon.

Exercice sur les voyelles nasales *am*, *em*, *im*, *om*, *m* se prononçant comme *n*.

am pou le,	**em blè me,**
em pi re,	**im po li,**
jam bon,	**om bra ge,**
lam pe,	**ram pe,**
tam bour,	**mem bre,**
rem pli,	**tem ple,**
sim ple,	**tim ba le.**

ampoule,	**emblème,**
empire,	**impoli,**
jambon,	**ombrage,**
lampe,	**rampe,**
tambour,	**membre,**
rempli,	**temple,**
simple,	**timbale.**

50e Leçon.

Même Exercice.

bom be,	com pa ré,
com ble,	com po te,
pom pe,	co lom be,
rom pu,	dé com bre,
trom pé,	es tom pe,
pré nom,	en sem ble,
sur nom,	no vem bre.

bombe,	comparé,
comble,	compote,
pompe,	colombe,
rompu,	décombre,
trompé,	estompe,
prénom,	ensemble,
surnom,	novembre.

51e Leçon.

Exercice sur *ain, aim, ein,* qu'il faut prononcer comme s'il y avait *in.*

bain,	**grain,**	**main,**
pain,	**train,**	**vain,**
saint,	**daim,**	**faim,**
fein dre,	**pein dre,**	
de main,	**crain te,**	
pou lain,	**plain te,**	
vi lain,	**at tein te.**	

bain,	**grain,**	**main,**
pain,	**train,**	**vain,**
saint,	**daim,**	**faim,**
feindre,	**peindre,**	
demain,	**crainte,**	
poulain,	**plainte,**	
vilain,	**atteinte.**	

52e Leçon.

Même Exercice.

gain,	nain,	sain,
tain,	vain,	plein,
rein,	sein,	teint,
fein te,	pein tu re,	
dé dain,	tein tu re,	
le vain,	len de main,	
mon dain,	con train te.	

gain,	nain,	sain,
tain,	vain,	plein,
rein,	sein,	teint,
feinte,	peinture,	
dédain,	teinture,	
levain,	lendemain,	
mondain,	contrainte.	

53e Leçon.

Exercice sur la consonne composée *ch*.

cha cun,	cha grin,
cha land,	cha meau,
chan son,	cha peau,
char don,	char bon,
cha ri té,	châ teau,
che min,	chê ne,
che val,	chè vre.

chacun,	chagrin,
chaland,	chameau,
chanson,	chapeau,
chardon,	charbon,
charité,	château,
chemin,	chêne,
cheval,	chèvre.

54e Leçon

Même Exercice.

bi che,	che mi se,
ri che,	chi ca ne,
po che,	chi mè re,
ru che,	cho co lat,
va che,	chô ma ge,
pé ché,	ma chi ne,
chu te,	mé chan te.

biche,	chemise,
riche,	chicane,
poche,	chimère,
ruche,	chocolat,
vache,	chômage,
péché,	machine,
chute,	méchante.

55e Leçon.

Exercice sur la consonne composée *gn*.

di gne,	in di gne,
li gne,	di gni té,
rè gne,	é par gne,
si gne,	cam pa gne,
vi gne,	vi gno ble,
cy gne,	com pa gnon,
bor gne,	si gna tu re.

digne,	indigne,
ligne,	dignité,
règne,	épargne,
signe,	campagne,
vigne,	vignoble,
cygne,	compagnon,
borgne,	signature.

56e Leçon.

Exercice sur *qu* devant une voyelle.

qua tre,	qua ran te,
qua li té,	quan ti té,
quê te,	que rel le,
qui ne,	quin tu ple,
ban que,	bi co que,
bri que,	co li que,
man que,	qui con que

quatre,	quarante,
qualité,	quantité,
quête,	querelle,
quine,	quintuple,
banque,	bicoque,
brique,	colique,
manque,	quiconque.

57e Leçon.

Exercice sur *gu* devant une voyelle.

guê tre,	gué a ble,
guê pe,	gué ri don,
guè re,	guê pier,
gué ret,	gué ri son
gui de,	gué ri te,
gui chet,	gui ta re,
gui se,	gui pu re.

guêtre,	guéable,
guêpe,	guéridon,
guère,	guêpier,
guéret,	guérison,
guide,	guérite,
guichet,	guitare,
guise,	guipure.

58e Leçon.

Même Exercice.

ba gue,	gui mau ve,
da gue,	guir lan de,
do gue,	fa ti gue,
dro gue,	na vi gué,
fi gue,	dé gui sé,
lan gue,	di va gué,
or gue,	va gue ment.

bague,	guimauve,
dague,	guirlande,
dogue,	fatigue,
drogue,	navigué,
figue,	déguisé,
langue,	divagué,
orgue,	vaguement.

59e Leçon.

Exercice sur les mots terminés en *tion*, le *t* se prononçant comme s.

ac tion,	at ten tion,
cau tion,	in ven tion,
dic tion,	dé vo tion,
fac tion,	con di tion,
fic tion,	con vic tion,
ges tion,	per fec tion,
men tion,	pu ni tion.

action,	attention,
caution,	invention,
diction,	dévotion,
faction,	condition,
fiction,	conviction,
gestion,	perfection,
mention,	punition.

60e Leçon.

Même Exercice.

na tion,	a do ra tion,
no tion,	ad mi ra tion,
por tion,	a gi ta tion,
po tion,	é du ca tion,
ques tion,	é mu la tion,
sec tion,	di mi nu tion,
sta tion,	in vi ta tion.

nation,	adoration,
notion,	admiration,
portion,	agitation,
potion,	éducation,
question,	émulation.
section,	diminution,
station,	invitation.

61e Leçon.

Exercice sur l'*y* ayant la valeur de deux *i*.

do y en[1],	jo y au,
lo y al,	mo y en,
no y é,	no y au,
ro y al,	vo y a ge,
a bo y é,	é ga y é,
en vo y é,	ba la y é,
ci to y en,	cra y on.

doyen,	joyau,
loyal,	moyen,
noyé,	noyau,
royal,	voyage,
aboyé,	égayé,
envoyé,	balayé,
citoyen,	crayon.

1. Prononcez comme s'il y avait *doi ien*.

62e Leçon.

Même Exercice.

plo y é,	dé plo y é,
pa y é,	em plo y é,
ra y é,	ren vo y é,
ra y on,	ra y u re,
é ta y é,	bé ga y é,
cô to y é,	net to y é,
sou do y é,	tu to y é.

ployé,	déployé,
payé,	employé,
rayé,	renvoyé,
rayon,	rayure,
étayé,	bégayé,
côtoyé,	nettoyé,
soudoyé,	tutoyé.

63e Leçon.

Exercice sur *ail, aille, eill, ill.*

é mail, é ven tail,
bé tail, é cail le,
co rail, é mail lé,
cail le, ba tail le,
cail lé, brous sail le,
cail lou, fer rail le,
fail li, fu tail le.

émail, éventail,
bétail, écaille,
corail, émaillé,
caille, bataille,
caillé, broussaille,
caillou, ferraille,
failli, futaille.

64e Leçon.

Même Exercice.

por tail,	li mail le,
tra vail,	pail las se,
mail le,	pail let te,
mail let,	tail la de,
pail le,	vo lail le,
tail le,	vail lan ce,
tail lis,	vail lam ment.

portail,	limaille,
travail,	paillasse,
maille,	paillette,
maillet,	taillade,
paille,	volaille,
taille,	vaillance,
taillis,	vaillamment.

65e Leçon.

Même Exercice.

or teil,	a beil le,
ré veil,	o reil le,
so leil,	o seil le,
ver meil,	cor beil le,
bil le,	an guil le,
fil le,	bas til le,
quil le,	bé quil le.

orteil,	abeille,
réveil,	oreille,
soleil,	oseille,
vermeil,	corbeille,
bille,	anguille,
fille,	bastille,
quille,	béquille.

66e Leçon.

Même Exercice.

cor neil le,	fau cil le,
gro seil le,	gen til le,
mer veil le,	jon quil le,
che vil le,	len til le,
char mil le,	man til le,
co quil le,	pas til le,
fa mil le,	va nil le.

corneille,	faucille,
groseille,	gentille,
merveille,	jonquille,
cheville,	lentille,
charmille,	mantille,
coquille,	pastille,
famille,	vanille.

DEUXIÈME PARTIE.

Phrases formées avec la plupart des mots renfermés dans la Première Partie.

67ᵉ Leçon.

La providence divine. — La morale de l'Évangile. — Une morale pure. — La pureté de l'âme. — Notre âme est faite à l'image de Dieu. — Un ami fidèle. — Un gage de fidélité. — Il est fidèle à sa parole. — La parole de Dieu ne trompe pas. — La colombe est l'emblème ou l'image de la fidélité. — Une robe de bure. — La bure est une étoffe de laine grossière. — Un voile de gaze. — La gaze est une étoffe claire. — La clarté de la lune. — La lune éclaire pendant la nuit.

68e Leçon.

La cabane du pauvre. — Une cabane couverte de chaume. — Le bon curé. — Un curé de campagne. — La grêle a ravagé la campagne. — Il a parcouru les rives du Danube. — Le Danube est un grand fleuve. — Il a traversé le fleuve à la nage. — Le pilote du navire. — Ce navire a fait naufrage. — Un maître sévère. — La sévérité du maître. — Une rivière rapide et profonde. — Jardin orné de tulipes. — Notre âme est d'une nature divine. — La famine a ravagé l'Europe. — Sa malice mérite une réprimande. — La girafe habite l'Afrique. — Ce livre est orné de belles gravures. — Cette gravure est l'ouvrage d'un grand artiste.

69e Leçon.

Dieu nous traitera selon nos mérites. —Le cheval galope. —Le galop du cheval est rapide. — Séparer le bon grain du mauvais. — Au dernier jour les bons seront séparés des méchants. — Nous avons été camarades d'école, de voyage et de fortune. — Il a vu toutes les capitales de l'Europe. — L'empereur est rentré dans sa capitale. — Voilà une riche filature de laine et de coton. — Le mouton donne la laine ; un arbuste ou petit arbre donne le coton. — Un ami sincère. — Un véritable ami est un trésor. — Il a été mon ami dans la bonne et dans la mauvaise fortune. — Il se livre à l'étude du dessin et de la géométrie.

70e Leçon.

Le samedi est un jour de la semaine. — Le samedi saint est le samedi qui précède le jour de Pâques. — Pâques est une grande fête de l'Église. — Dieu est la vérité même, le principe de toute vérité. — Il méprise les vanités du monde. — On recherche la fourrure de la zibeline. — La zibeline est un petit animal de la Sibérie. — La Sibérie est un pays où règne un froid rigoureux. — Un abîme de misère est une misère profonde. — L'orage gronde, cherchons un abri contre l'orage. — On appelle épi la partie du blé, de l'orge et d'autres plantes qui est placée au sommet de la tige. — On appelle tige la partie des végétaux qui s'élève hors de terre.

71e Leçon.

Il a toujours suivi la bonne route, la route de la vertu. — Le café est la graine d'un arbre qui croît en Arabie. — Le café de Moka est fort recherché. — Moka est une ville d'Arabie. — Le blé moulu donne la farine; avec la farine on fait le pain; le pain est notre principale nourriture. — La terre tourne autour du soleil; la forme de la terre est ronde. — Le soleil colore et mûrit les fruits. — Il y a des fruits d'été, des fruits d'automne et des fruits d'hiver. — L'été est la saison la plus chaude; l'automne arrive après l'été et avant l'hiver; l'hiver est la saison la plus froide. — Voilà des oranges douces, des amandes douces. — Nous avons entendu le chant du coucou.

72e Leçon.

Le bois donne la flamme; la flamme réchauffe nos membres engourdis. — Le bois du chêne, du charme et de l'orme est très-bon. — L'orme, le charme et le chêne sont de grands arbres. — Il médite toujours une bonne action. — Une bonne action a toujours sa récompense. — Il a mérité une récompense par sa bonne conduite. — Un précipice est un gouffre profond. — Il s'est retenu au bord du précipice. — Paris est la capitale de la France. — Nous avons établi notre domicile à Paris. — La France possède de riches filatures de coton et de laine. — Il a gardé pour ses amis une fidélité à toute épreuve, une fidélité inviolable.

73e Leçon.

La rivière était bordée de saules. — Un marécage est un terrain humide et bourbeux. — Le saule se plaît dans les marécages. — Le cheval arabe est agile. — Le cheval est utile à son maître. — La médecine enseigne les moyens de conserver la santé et de traiter les maladies. — La santé est un grand trésor. — La sobriété est un préservatif contre les maladies. — Le bien dérobé ne profite pas ; ne dérobez jamais rien à personne. — Elle partage son bien avec les pauvres. — Les pauvres sont nos amis ; nous devons secourir les pauvres. — Honorez votre père et votre mère ; votre père et votre mère ont soigné votre enfance, et ils vous aiment tendrement.

74e Leçon.

L'âne est sobre; il aime les chardons. — L'âne est très-utile aux habitants de la campagne. — Les chardons portent des feuilles épineuses. — L'orage gronde. — Il s'éleva un orage mêlé de grêle, d'éclairs et de tonnerre. — La grêle a ravagé tout ce canton. — Le tonnerre frappe ordinairement les lieux les plus élevés. — Les éclairs précèdent le bruit du tonnerre. — L'huile est faite avec l'olive, qui est un fruit à noyau. — Les olives mûres sont noires. — La prune, la pêche, l'abricot, sont des fruits à noyau. — Le tigre et le singe sont remarquables par leur agilité. — Il fut dévoré par des tigres. — Le tigre a la peau fauve et rayée de bandes noires.

75e Leçon.

Le jeudi est un jour de la semaine. — La semaine a sept jours. — On a vacance le jeudi dans cette école. — Le feu a dévoré le village. — Un enfant ne doit pas jouer avec le feu. — Le jeu de boules est un bon exercice pour la santé. — On abat les quilles avec une boule. — Les soldats font l'exercice à feu. — Ils ont montré un courage à toute épreuve. — Son courage a été mis à de rudes épreuves. — La poule cherche la nourriture pour ses poussins ou ses petits. — Les poussins cherchent un refuge sous l'aile de la poule. — La louve est la femelle du loup. — Le loup défend la louve et ses louveteaux. — La route de la vertu est la route du ciel.

76e Leçon.

Le bouc porte des cornes et une longue barbe. — Le taureau a aussi des cornes, mais pas de barbe. — On dit que les carpes vivent longtemps. — Il y a des carpes de rivière et des carpes d'étang. — Il versait des larmes au souvenir de sa patrie, de ses amis, de ses enfants. — Le repentir lui arracha des larmes sincères. — L'eau tombait de cascade en cascade dans un grand bassin. — La cascade du Niagara, en Amérique, est fameuse par le volume de ses eaux. — La mer était calme, l'air était calme, le ciel était pur; nous montâmes sur le vaisseau. — La palme est une branche de palmier. — L'arbre appelé palmier porte les fruits nommés dattes.

77e Leçon.

La bergère garde les moutons et les brebis. — Le berger défend les brebis et les moutons contre les loups. — Un coq, cherchant de la nourriture, trouva une perle; il ne savait que faire d'une perle : il aurait mieux aimé trouver un grain de blé. — La campagne est belle au mois de mai à cause de la verdure. — Les prés, les bois, les champs, ont perdu leur verdure quand l'hiver arrive. — On appelle golfe une partie de mer qui s'avance dans les terres. — Le golfe de Gascogne est situé sur les côtes de la France. — Évitez avec soin tous les motifs de dispute. — Les disputes engendrent la discorde et la haine. — Pratiquez la vertu, et vous serez heureux.

78e Leçon.

La lyre, la guitare, la harpe, la mandoline, le violon, le clavecin, sont des instruments à cordes. — Le boulet coupa les cordages du navire. — On fait des cordes avec du chanvre, de la laine, du crin, du jonc, des écorces d'arbres ou d'autres matières flexibles. — Il a partagé ma bonne et ma mauvaise fortune. — Les fortunes subites sont rarement durables. — Il était parti caporal; il est devenu général par son propre mérite. — L'or est un métal, le fer est aussi un métal; on trouve les métaux dans la terre. — La récolte a été abondante. — Un arbuste est une espèce d'arbrisseau qui ne s'élève guère. — Les rosiers sont des arbustes; ils ont de belles fleurs, mais aussi des épines.

79e Leçon.

Le capitaine était véritablement brave. — Il ne faisait point de vaines bravades. — Il a fait preuve de bravoure sur divers champs de bataille. — Les grandeurs de ce monde sont des biens fragiles. — Elle a connu, par une longue expérience, la fragilité de la fortune. — Sa bibliothèque renferme des livres ornés de gravures. — On grave sur le cuivre, sur l'acier, sur le bois, sur le marbre. — Le cuivre est un métal de couleur rouge. — L'astre appelé planète réfléchit la lumière du soleil. — Mars, Vénus et Jupiter sont les noms de trois planètes. — Il a gelé à glace. — Notre navire fut arrêté par les glaces. — Le platine est un métal plus lourd que l'or.

80e Leçon.

La Providence prend soin de toutes ses créatures. — La puissance de Dieu éclate dans les plus faibles créatures. — Une grenade douce. — Une grenade aigre. — Le fruit appelé grenade renferme un grand nombre de grains rouges, contenus chacun dans une petite cellule. — Poursuivi par un tigre, il fut préservé du péril comme par miracle. — Quelques prophètes et des apôtres, favorisés de Dieu, avaient reçu le don des miracles. — Prenez votre plume pour écrire; tenez la plume droite. — Les bergers jouaient de la flûte à l'ombre d'un ormeau. — Le sable couvre les rivages de la mer. — Les dunes sont des amas de sable. — Le litre est une mesure de capacité.

81e Leçon.

Il est bon de faire l'aumône aux pauvres. — L'aumône vous ouvre les portes du ciel. — Dieu réprime souvent l'audace des méchants. — La présence de mon ami est un baume qui calme toutes mes douleurs. — Les soldats se levèrent avec l'aurore, et après avoir adressé une prière à Dieu, ils attaquèrent l'ennemi avec une noble audace. — L'aurore précède le lever du soleil. — Un repentir sincère lui fit accorder le pardon de ses fautes. — Une faute légère devient plus grave quand elle se répète. — Cette rivière porte bateau dès sa source. — La source d'une rivière est le lieu où elle commence à sortir de la terre pour continuer son cours.

82e Leçon.

Le vaisseau trop chargé a fait naufrage sur la côte. — Le corbeau a un plumage noir. — Les corbeaux font leurs nids sur les arbres les plus élevés. — Quand on mange le gâteau des Rois, on réserve la part des pauvres. — Une couronne est souvent un lourd fardeau. — Le marteau frappe le fer qui est placé sur l'enclume. — On frappait autrefois la monnaie avec un marteau. — Un rameau est une petite branche d'arbre. — Le dimanche des Rameaux précède le dimanche de Pâques. — La bénédiction des palmes se fait le dimanche des Rameaux. — Un rideau est un morceau d'étoffe auquel sont attachés des anneaux qui coulent sur une tringle.

83e Leçon.

L'aigle agitait dans l'air ses grandes ailes. — Les aigles font toujours leur aire ou leur nid au même endroit. — Le vinaigre est du vin rendu aigre. — Il avait pour nourriture du laitage, et pour boisson l'eau fraîche d'une fontaine. — La semaine est une suite de sept jours depuis le dimanche jusqu'au samedi. — Le dimanche est le jour du repos. — L'année se compose de cinquante-deux semaines. — Je lirai des livres, et je deviendrai savant. — J'irai vers mon père, et je lui demanderai pardon de ma faute. — La mémoire conserve et réveille les souvenirs. — Il a une mémoire sûre. — La dernière victoire a coûté cher.

84e Leçon.

Un enfant indocile mérite d'être puni; il ne s'attire point l'amour de ses maîtres. — Les anges environnent le trône de Dieu. — Saint Michel est l'ange tutélaire de la France. — Ma tante a été pour moi une autre mère : elle a élevé mon enfance avec la plus tendre sollicitude. — Nous sommes des amis d'enfance. — L'âge amène les infirmités. — La patrie n'était pas ingrate envers ceux qui lui avaient rendu de grands services. — Témoignez votre reconnaissance à vos bienfaiteurs ; l'ingratitude est un grand vice. — Les martyrs de la religion chrétienne marchaient à la mort avec un courage intrépide. — L'Église honore la mémoire des martyrs.

85e Leçon.

Le bois de la lance se brisa et le fer de la lance resta dans la blessure. — Chez les anciens, la lance, l'épée, la javeline, étaient des armes offensives, c'est-à-dire pour l'attaque ; le bouclier, le casque, la cuirasse, étaient des armes défensives, c'est-à-dire pour la défense. — Le feu couve sous la cendre. — Autrefois, chez les Juifs, on se couvrait de cendre, pour témoigner une grande douleur ou un profond repentir. — Le raisin est le fruit de la vigne. — Faire vendange, c'est récolter les raisins pour faire du vin. — Avec le raisin on fait aussi de bonnes confitures. — Le lapin a de longues oreilles, comme le lièvre. — Les lapins creusent la terre pour se loger.

86e Leçon.

Le pigeon se nourrit de grains. — Le grain est le fruit et la semence du froment, de l'orge, du seigle, de l'avoine. — Le roi Salomon bâtit à Jérusalem, par ordre de Dieu, un temple magnifique. — L'intérieur du temple était revêtu d'or et de bois de cèdre. — Ce temple, le plus admirable édifice élevé par la main des hommes, fut détruit par l'empereur Titus. — Le vaste empire d'Alexandre le Grand fut partagé entre ses généraux. — L'empire des Perses et l'empire des Romains sont célèbres dans l'histoire. — Il a pris tantôt des bains de rivière, tantôt des bains de mer. — Chez les anciens, les bains publics, appelés aussi Thermes, étaient de vastes édifices.

87e Leçon.

La foi, l'espérance et la charité sont les trois vertus théologales, c'est-à-dire qui ont Dieu principalement pour objet. — Par la charité nous aimons Dieu comme notre souverain bien. — Les sœurs de charité se vouent au soulagement des pauvres et des malades. — Le chêne est un grand arbre qui porte un petit fruit appelé gland. — Le chêne est l'ornement des forêts. — Le chemin qui conduisait au château était bordé de chênes. — La chèvre est vive, capricieuse, vagabonde. — La vache et la chèvre donnent du lait. — Le prince portait les insignes ou les marques de sa dignité. — Il était digne de l'amour de son peuple.

88e Leçon.

La vache est un animal domestique. — La bêche est un outil de jardinage. — Une bûche est un morceau de bois de chauffage. — Les bûches de chêne sont recherchées. — Les abeilles font la cire et le miel dans des ruches. — Les abeilles sont appelées mouches à miel. — Le plumage du cygne est remarquable par sa blancheur. — Nous avons déposé nos économies à la caisse d'épargne. — La campagne est belle et fait espérer une récolte abondante. — Je préfère la vie de la campagne à celle de la ville. — La biche est la femelle du cerf. — La tourterelle gémit quand elle a perdu sa compagne. — Je lui tendis la main en signe d'amitié. — Les mots sont les signes des idées.

89e Leçon.

La bonne qualité des aliments est nécessaire à la santé. — Les rares qualités de son esprit et de son cœur le font aimer de tout le monde. — Le nord, l'est, l'ouest et le sud sont les quatre points cardinaux. — Le printemps, l'été, l'automne et l'hiver sont les quatre saisons. — La flotte se composait de quarante vaisseaux. — L'Académie française compte quarante membres. — Trente et dix font quarante. — Il fut le guide et le protecteur de ma jeunesse. — Une jeune fille n'a pas de meilleur guide que sa mère. — Un gros dogue, aux lèvres épaisses, au regard farouche, gardait la basse-cour. — La figue est un fruit mou et sucré. — Il y a des figues d'été et des figues d'automne.

91e Leçon.

Dieu connaît nos bonnes comme nos mauvaises actions. — Une bonne action emporte avec elle sa récompense : c'est le plaisir d'avoir fait du bien. — L'éducation de la jeunesse a toujours été considérée comme une des occupations les plus importantes. — Une bonne éducation est un véritable trésor. — Une honnête émulation augmente l'ardeur pour l'étude. — L'émulation nous porte aussi à imiter les grandes actions. — Donnez toute votre attention à la conversation des hommes vertueux et instruits : vous en retirerez toujours quelque fruit. — Il a étudié les lois, les coutumes, le gouvernement des nations étrangères. — Nous avons lu l'histoire de la révolution française.

92e Leçon.

L'adoration proprement dite n'est due qu'à Dieu seul. — La véritable dévotion est un pieux et sincère attachement aux pratiques religieuses. — Son autorité a éprouvé quelque diminution. — Dieu est juge de nos intentions. — L'invention de l'imprimerie a fait faire de grands progrès à l'instruction. — Avant l'invention de la boussole, la navigation n'était pas sûre. — Il donne chaque année une portion de son revenu aux pauvres. — La punition doit être proportionnée à la faute : une faute légère ne mérite pas une grande punition. — Il faut chercher la perfection dans tout ce qu'on fait. — La perfection d'un chrétien est de renoncer à soi-même.

93e Leçon.

Un rayon de soleil a suffi pour sécher notre jardin. — Le bois était si touffu qu'il était impénétrable aux rayons du soleil. — Il est arrivé à la fortune par des moyens légitimes. — Dans toutes les affaires de la vie, il ne suffit pas que la fin soit bonne, il faut aussi que les moyens soient justes. — Il a voyagé par terre et par mer. — Le voyage autour du monde a été effectué par des marins habiles. — Les crayons à dessiner sont de diverses couleurs : il y a des crayons noirs, des crayons rouges, des crayons blancs, des crayons bleus. — Un sage citoyen obéit toujours aux lois. — Les priviléges des citoyens romains étaient considérables. — L'abricot et la prune sont des fruits à noyau.

94e Leçon.

On dit que le vent balaye la plaine lorsqu'il soulève et qu'il emporte des tourbillons de poussière en parcourant une plaine. — On appelle joyaux des ornements d'or ou d'argent, des perles, des pierreries, qui servent à la parure. — Les joyaux de la couronne sont les joyaux qui appartiennent à la couronne. — Le repas fut égayé par une agréable et douce conversation. — Nous marchâmes à l'ennemi enseignes déployées. — On voyait au milieu du tableau un aigle qui déployait ses ailes. — Elle a employé la plus grande partie de son revenu en charités, en aumônes. — Il n'employait que des soldats soudoyés, c'est-à-dire auxquels il payait une solde.

95e Leçon.

L'abeille est une sorte de mouche qui produit la cire et le miel. — Les ruches d'abeilles offrent l'image d'une petite république où règnent l'ordre et le travail. — Le corail est de couleur rouge et se pêche dans la mer. — On fait des parures avec le corail. — Le limaçon vit dans sa coquille, portant partout avec lui sa maison. — On trouve sur le rivage de la mer toutes sortes de coquilles. — La plupart des chenilles rongent les feuilles et les fleurs des plantes et des arbres. — Les chenilles s'enferment dans une coque avant de se changer en papillons. — La cochenille est un insecte qui vit sur le nopal, arbre d'Amérique. Elle sert à teindre en rouge.

96e Leçon.

La table était couverte de corbeilles de fruits et de corbeilles de fleurs. — L'enveloppe dure qui couvre le dos de la tortue s'appelle écaille. — Un éventail est un petit meuble composé de lames légères qui se replient les unes sur les autres. — On fait des éventails d'ivoire et des éventails d'écaille. — Les merveilles de la création élèvent notre âme vers Dieu. — Elle a toujours rempli les devoirs d'une bonne mère de famille. — Le souvenir de sa patrie et de sa famille arrachait des larmes au pauvre exilé. — L'argent, recouvert d'une couche d'or, est ce qu'on appelle du vermeil. — La télégraphie électrique est une invention merveilleuse.

97e Leçon.

Le bail est un contrat par lequel on cède la jouissance d'une chose pour un prix et pour un temps. Nous n'avons pas encore signé le bail. — Un cheval de bataille est un cheval propre à être monté un jour de combat. — Ce général a gagné coup sur coup trois batailles. — Le gros bétail comprend le bœuf, le cheval, l'âne; et le petit bétail, le porc, la chèvre, le mouton. — La caille est un petit oiseau au plumage grivelé. — Les cailles sont des oiseaux de passage. — L'anguille est un poisson d'eau douce qui a la forme d'un serpent. — Un pauvre vieillard infirme marchait à l'aide de béquilles. — Les aiguilles sont de petits instruments d'acier pour coudre.

98e Leçon.

La Bastille, château-fort construit à Paris, servait de prison d'État. — La corneille est un oiseau plus petit que le corbeau, et noir comme lui. — On dit que les corneilles vivent très-longtemps. — Une charmille formait comme un mur de verdure autour du jardin. — Un attirail de guerre comprend un assortiment de choses diverses nécessaires pour les troupes. — On appelle marchand de détail celui qui vend la marchandise dont il fait négoce, à plus petites mesures et à plus petits poids qu'il ne l'a achetée, qui la coupe et qui la divise pour en faire le débit. — Tous les détails de cette affaire nous ont été donnés par une personne digne de foi.

99e Leçon.

La groseille est le fruit du groseillier. — Avec les groseilles on fait des confitures excellentes. -- On découvre de loin une grande prairie toute parée de l'émail des fleurs. — Il ne faut pas éveiller le chat qui dort, c'est-à-dire il ne faut pas rappeler une mauvaise affaire assoupie. — Tous les matins, les enfants, à leur réveil, adressent leur prière au bon Dieu. — On donnait le titre de filles de France aux filles du roi et de la reine de France. — La faucille est un instrument à lame d'acier, qui sert à couper les tiges des plantes céréales pour la récolte des grains. — La camomille est une plante odoriférante, dont les sommités fleuries sont employées en médecine.

100e Leçon.

On met des épouvantails sur les cerisiers pour effrayer les oiseaux et les empêcher de venir manger les fruits. — On appelle ferraille les vieux fers usés ou rouillés mis au rebut. — Une futaille est un tonneau pour le vin, pour le cidre. — On ne met jamais de vin nouveau dans de vieilles futailles. — Voilà une gentille enfant, bien obéissante, appliquée à ses devoirs. — On appelle gouvernail un appareil placé à l'arrière d'un navire, et qui sert à le diriger. — Le travail entretient la santé, il développe l'intelligence, il est une douce consolation dans les peines. — Travaille, et tu seras heureux; travaille, et tu auras les bénédictions du ciel.

www.ingramcontent.com/pod-product-compliance
Ingram Content Group UK Ltd.
Pitfield, Milton Keynes, MK11 3LW, UK
UKHW020324250726
13967UKWH00004B/1849

9 782013 059152